¿DÓNDE ESTÁ EL PEREZOSO?

ILUSTRACIONES DE ANDY ROWLAND

TEXTO DE KATY LENNON

DISEÑADO POR JOHN BIGWOOD Y JACK CLUCAS

Puedes consultar nuestro catálogo en www.picarona.net

¿Dónde está el perezoso?
Texto: *Katy Lennon*
Ilustraciones: *Andy Rowland*

1.ª edición: diciembre de 2022

Título original: *Where's the Sloth?*

Traducción: *Raquel Mosquera*
Diseño: *John Bigwood y Jack Clucas*
Maquetación: *El Taller del Llibre, S. L.*
Corrección: *Sara Moreno*

Edita: Picarona, sello infantil de Ediciones Obelisco, S. L.
Collita, 23-25. Pol. Ind. Molí de la Bastida
08191 Rubí - Barcelona - España
Tel. 93 309 85 25
E-mail: picarona@picarona.net

ISBN: 978-84-9145-619-3
Depósito Legal: B-15.650-2022

Impreso en Ingrabar
Ptge. Arraona, 8, 08210 - Barberà del Vallès, Barcelona

Printed in Spain

Otros títulos de la misma serie

Respuestas de Brasil

Lista del observador

- [ ] Cinco tarántulas
- [ ] Cuatro lagartos verdes
- [ ] Cinco ranas rojas y azules
- [ ] Tres leopardos
- [ ] Un mono con un balón de fútbol

Respuestas de Sudáfrica

Lista del observador

- [ ] Un partido de rugby
- [ ] Un pez capturado por un pescador
- [ ] Una tortuga boca arriba
- [ ] Un mono con una máscara tribal
- [ ] Un gato en un barco

Respuestas de Australia

Lista del observador

- [ ] Una cometa con forma de mariposa
- [ ] Un socorrista con prismáticos
- [ ] Una tabla de surf rota
- [ ] Un koala en la pierna de un hombre
- [ ] Una comida navideña

INTRODUCCIÓN

Los perezosos disfrutan de una vida pacífica, colgados en los árboles y pasando las horas de forma relajada. Pero desde que Suzi, la perezosa, encontró una guía de viaje que un turista descuidado dejó en la selva, no puede evitar preguntarse qué hay más allá de los árboles...

Llena de deseos de aventura, Suzi ha llamado a sus amigos perezosos para que la acompañen en un viaje alrededor del mundo. Encuentra a los diez perezosos en cada una de sus junglas urbanas y mantén los ojos bien abiertos para encontrar otros elementos interesantes en la «Lista del observador» que hay al final del libro. ¡Buen viaje!

CONOCE A LOS PEREZOSOS

SUZI

A Suzi le ha entrado el gusanillo de los viajes. Ha planeado cuidadosamente un viaje para sus amigos perezosos para que puedan explorar tantas ciudades diferentes como sea posible.

BRADY

Brady es un perezoso somnoliento y le cuesta hacer cualquier cosa con rapidez. Lo que más le apetece es echar unas cabezaditas durante el vuelo.

ESMERALDA

Esmeralda tiene una fantástica relación con las algas que crecen en su pelaje. La coloración verde que le da le ayudará a destacar entre la multitud.

CAMILA

A Camila le gusta estar despierta por la noche y es una auténtica fiestera. Está deseando visitar Nueva York (ha oído que es la ciudad que nunca duerme).

JUAN

Juan es el mayor del grupo. Es un gran aficionado a la historia y está deseando visitar las antiguas pirámides de México y Egipto.

ANNA

Anna es muy aventurera para ser una perezosa y le encanta nadar. Está deseando probar las aguas de Sídney y puede que incluso intente hacer surf.

EVELYN

Evelyn es un bebé y tiene mucho que aprender sobre la selva, por no hablar del resto del mundo. Afortunadamente, es una perezosa intrépida y quiere ir a deslizarse en trineo a Rusia.

MANUEL

Manuel tiene un gran truco para las fiestas: puede girar la cabeza casi por completo. Le encanta el yoga y le entusiasma la idea de visitar Nueva Deli para practicar con los gurús del yoga.

INGRID

Ingrid es una gran aficionada a la comida que se pasa el día comiendo en la selva. Está deseando salir y probar nuevos y sabrosos manjares.

ANDRÉ

André está listo para la fiesta y no puede esperar a visitar la capital del carnaval de Brasil: Río. Incluso se ha hecho un tocado especial para la ocasión.

Teotihuacán, México

La primera parada de la gran ruta de los perezosos es la antigua ciudad de Teotihuacán. Está repleta de turistas y vendedores de tacos, y los perezosos están impresionados por todos los disfraces de esqueleto del Día de los Muertos.

Juan está en su salsa y se ha apresurado a inspeccionar las pirámides. Evelyn no ve qué tiene de emocionante un montón de ladrillos viejos y, en cambio, se hace amiga de la fauna local. Anna se ha distraído con una banda de mariachis.

Ciudad de Nueva York, EE. UU.

¡Los perezosos han llegado a la ciudad de Nueva York y es frenética! Pensaban que los pájaros de la selva eran ruidosos, pero eso no es nada comparado con las bocinas de los coches y el bullicio de la ciudad.

Camila está deseando encontrar una fiesta para poder bailar toda la noche, mientras que Suzi tiene prevista una noche más civilizada y va a ver un espectáculo de Broadway. Anna pasa el rato en uno de los famosos cafés de Nueva York y se va a tomar un delicioso batido.

Londres, Reino Unido

Tras un largo vuelo, los perezosos han aterrizado en la lluviosa Londres.
La ciudad está repleta de gente que se ocupa de sus asuntos cotidianos y los
perezosos se esfuerzan por seguir el ritmo.

Manuel está deseando probar su primera taza de té de desayuno inglés e Ingrid
está emocionada por viajar en transporte público. Juan ha encontrado una
librería y va a buscar su novela favorita, *La llamada de la selva*.

Ámsterdam, Países Bajos

Suzi ha llevado a los perezosos a Ámsterdam,
la ciudad conocida por sus canales y sus zuecos.

Manuel se ha subido directamente a una bicicleta y está recorriendo la ciudad sobre dos ruedas, con el viento en su pelaje. Como es una entusiasta del arte, Suzi se dispone a crear una obra maestra: espera ser el próximo Vincent van Perezosogh. Ingrid está encantada con los tulipanes; se pregunta si serán tan sabrosos como las flores de hibisco que está acostumbrada a masticar en la selva.

Berlín, Alemania

Los perezosos están en Berlín y empiezan a acostumbrarse a todos los edificios altos del mundo humano. Encuentran especialmente interesantes los coloridos grafitis que salpican la ciudad.

Viajar provoca hambre, así que André se dirige a comprar salchichas *bratwurst*. Esmeralda ha encontrado un grupo de punks y le encanta su pelo de punta y multicolor. Espera que les guste su pelaje verde; sin embargo, no está segura de que le siente bien un *piercing* en la nariz.

París, Francia

Los perezosos han desarrollado un nuevo amor por el queso y, por suerte, en París hay muchos para probar, ¡al-*brie*-cias!

Después de un gran festín de queso, Evelyn intenta llamar la atención de un piloto de globo aerostático cercano para poder pedirle un paseo y admirar la ciudad desde arriba. Brady no puede dejar de bostezar y ha encontrado un lugar soleado para acurrucarse a dormir la siesta. Esperemos que nadie lo confunda con una estatua viviente.

FROMAGERIE

PARFUMERIE

Venecia, Italia

En los concurridos canales de Venecia, algunos de los perezosos disfrutan desplazándose en largas y elegantes góndolas. Por desgracia, Esmeralda no está acostumbrada al agua y a las olas; se siente un poco mareada.

Lo primero en la agenda de Suzi y Manuel es una visita a las hermosas iglesias y catedrales de la ciudad. Evelyn y Anna tienen un plan excelente: se dirigen directamente a la primera pizzería que ven para comerse la *pizza* más grande y con más queso que puedan encontrar.

Barcelona, España

Los perezosos se sienten como en casa en la relajada ciudad de Barcelona y piensan pasar su tiempo tomando el magnífico Sol. También van a visitar los hermosos edificios diseñados por el arquitecto Antoni Gaudí.

Las coloridas bailaoras de flamenco han llamado la atención de Brady; le encantaría participar, pero no puede mover los pies lo suficientemente rápido. Ingrid va a relajarse en un restaurante y a comer una deliciosa paella de marisco.

Tombuctú, Mali

En la ciudad de Tombuctú, en África Occidental, el escuadrón de perezosos se encuentra en un concurrido mercado. Todo el mundo es amable, pero los perezosos no están seguros de que las extrañas criaturas jorobadas lo sean, ¿no saben que escupir no es de buena educación?

Anna busca en los puestos una camisa nueva que haga juego con su sombrero y espera encontrar una ganga. Ingrid busca inspiración culinaria y ha encontrado unas especias deliciosas con las que está deseando experimentar cuando vuelva a la selva.

El Cairo, Egipto

La capital de Egipto es una ciudad de ritmo rápido, con mucha gente que vive
en espacios muy reducidos. Los perezosos se están acostumbrando al mundo
de los humanos, pero creen que les vendría bien a todos relajarse
y ser más perezosos.

Con las pirámides asomando en la distancia, Juan ha ido en busca de antiguos
objetos egipcios. Suzi está ocupada charlando con los amables lugareños y
Evelyn tratando de evitar los enormes escarabajos peloteros.

Estambul, Turquía

El Gran Bazar de Estambul es un caos, con mercaderes, lugareños y turistas que regatean por todo, desde sombreros hasta hierbas y especias.

Manuel ha ido a comprarse un collar con forma de ojo azul para el mal de ojo como recuerdo (ha oído que en Turquía se llevan como protección contra las maldiciones). Camila ha echado el ojo a un nuevo bolso y Esmeralda ha sido vista columpiándose en el techo; es la forma más fácil de evitar las multitudes.

Nueva Deli, India

De vuelta a un clima caluroso, los perezosos se calientan el pelaje en Nueva Deli. Los elefantes, los camellos, las bicicletas y los bicitaxis se disputan el espacio en las carreteras y los perezosos se dan cuenta enseguida de que tienen que estar atentos.

André ha llamado a un pequeño vehículo, llamado bicitaxi, y se va a dar una vuelta por la ciudad. Esmeralda, sin embargo, está más interesada en viajar en camello. Manuel está practicando su equilibrio antes de salir de la ciudad para un retiro de yoga; está deseando mostrar su postura del árbol.

Suzhou, China

La ciudad china de Suzhou es conocida a menudo como la Venecia de Oriente por el sistema de canales que recorre sus calles. Por suerte, los perezosos están acostumbrados a viajar por el agua; incluso puede que se hagan con un barco cuando vuelvan a casa.

Camila está deseando probar algunas de las delicias locales, y ha oído que el marisco es especialmente bueno aquí. Evelyn ha ido a comprar un farolillo chino para colgarlo en su árbol de la selva y que le recuerde las vacaciones.

Tokio, Japón

Tokio es una jungla brillante de neón. Los altísimos rascacielos enmarcan las montañas en la distancia y la cultura tradicional se mezcla con la ultramoderna de una forma única y emocionante.

Esmeralda se dirige a ver un combate de sumo, mientras que Juan va a cantar a pleno pulmón en un karaoke. Suzi ha ido en busca del Tokyo Skytree, una de las atracciones más famosas de la ciudad. Debe ser un árbol muy impresionante, pero está segura de que los ha visto mejores en la selva.

Sídney, Australia

Sídney: la ciudad del sol, el mar, el surf y... ¡los perezosos! La actitud relajada de los australianos es perfecta para la pandilla, que está dispuesta a relajarse en la playa. Todos menos Anna, claro.

Con la tabla de surf preparada, se dirige directamente a coger algunas olas; ¡viva el surf! Juan se abre paso lentamente entre la multitud para encontrar un lugar en el que poder «tomar la sombra» y leer su libro. Ingrid no quiere mancharse de arena y observa a los socorristas.

Ciudad del Cabo, Sudáfrica

La genial Ciudad del Cabo es una ciudad que tiene de todo, desde hermosas vistas y cruceros marítimos hasta deliciosa cocina y modernas galerías de arte; los perezosos tienen mucho donde elegir.

Manuel va a hacer un viaje en un yate de lujo y ha descubierto que tiene la mejor vista desde lo alto de la vela. Sería un gran vigía. Suzi y Brady van a hacer una excursión para ver ballenas, pero parece que Brady se ha quedado dormido y ha perdido el barco. Y, espera, ¿eso es una ballena? No, ¡es un tiburón!

Río de Janeiro, Brasil

Como es la última parada de su aventura alrededor del mundo, los perezosos están dispuestos a soltarse el pelo y a festejar en Río. Por suerte, es temporada de carnaval y André se adapta perfectamente con su impresionante tocado.

Abriéndose paso entre los espectadores, Manuel y Anna encuentran un lugar para sentarse y ver el desfile. André quiere estar en el centro del desfile y se ha subido a una de las carrozas. La multitud se vuelve tan loca que se siente como una celebridad del carnaval. ¡Qué manera de terminar las vacaciones!

Respuestas de México

Lista del observador

Dos piñatas ☐

Cinco burros ☐

Un luchador con máscara y capa moradas que sostiene un globo ☐

Una mujer con un delantal a rayas azules ☐

Siete cactus ☐

Lista del observador

Tres saxofones ☐

Un bombero salvando a un gato ☐

Dos policías comiendo hamburguesas ☐

Una persona con sombrero de vaquero ☐

Cuatro mapaches ☐

Respuestas de EE. UU.

Respuestas de Reino Unido

Lista del observador

Un faisán ☐

La reina y sus corgis ☐

Una paloma en el sombrero de un policía ☐

Dos bizcochos Victoria ☐

Un gato anaranjado ☐

Respuestas de los Países Bajos

Lista del observador

Cinco bicicletas rojas ☐

Cuatro quesos Edam ☐

Cuatro paletas de pintura ☐

Alguien cayendo al canal ☐

Un cuadro de un girasol ☐

Lista del observador

Tres tubas ☐

Tres guitarristas ☐

Una señora haciendo pompas gigantes ☐

Una tienda que vende pantalones de cuero ☐

Un saxofonista ☐

Respuestas de Alemania

Respuestas de Francia

Lista del observador

Cuatro regaderas ☐

Un acordeonista ☐

Cuatro *baguettes* ☐

Un «choca los cinco» ☐

Cuatro adornos de la Torre Eiffel ☐

Lista del observador

Un helado que se ha caído ☐

Una propuesta de matrimonio ☐

Peces comiendo una *pizza* ☐

Un perro con pajarita ☐

Un paraguas amarillo ☐

Respuestas de Italia

Lista del observador

Una persona haciendo el pino en un monopatín ☐

Cinco cuencos de paella ☐

Un bebé en una trona ☐

Un limpiador fregando el suelo ☐

Un traje de flamenca naranja ☐

Respuestas de España

Respuestas de Mali

Lista del observador

Cinco avestruces ☐

Tres pepitas de oro ☐

Dos bebés en portabebés ☐

Un pozo ☐

Un cubo en una cuerda ☐

Respuestas de Egipto

Lista del observador

Cuatro camellos ☐

Una sombrilla de rayas rosas ☐

Cinco símbolos del ojo de Horus ☐

Una persona con prismáticos ☐

Un caballo y un carro ☐

Lista del observador

Un burro ☐

Cuatro farolillos naranjas ☐

Seis alfombras turcas enrolladas ☐

Un perro robando una salchicha ☐

Una tetera verde ☐

Respuestas de Turquía

Respuestas de Rusia

Lista del observador

Un muñeco de nieve derrumbado ☐

Alguien lanzando una bola de nieve ☐

Cuatro motos de nieve ☐

Cuatro acordeonistas ☐

Un conjunto de matrioskas (muñecas rusas) ☐

Respuestas de India

Respuestas de China

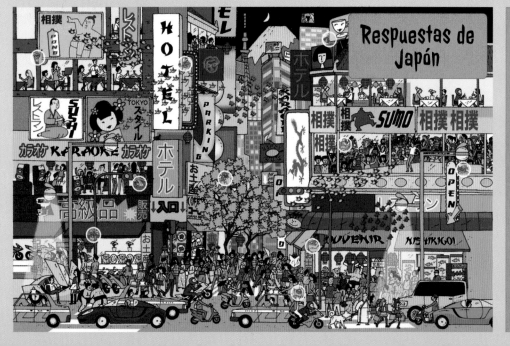

Respuestas de Japón